Islam Qerimi

Gewohnheitsrecht in Albanien

Rolle und Herkunft des Kanun bei den Albanern

Qerimi, Islam: Gewohnheitsrecht in Albanien. Rolle und Herkunft des Kanun bei den Albanern, Hamburg, Bachelor + Master Publishing 2014

Originaltitel der Arbeit: Gewohnheitsrecht in Albanien: Rolle und Herkunft des Kanun: Historischer Überblick über den Kanun bei den Albanern

Buch-ISBN: 978-3-95820-007-4
PDF-eBook-ISBN: 978-3-95820-507-9
Druck/Herstellung: Bachelor + Master Publishing, Hamburg, 2014
Coverbild: pixabay.com
Zugl. Universität Wien, Wien, Österreich, Studienarbeit, 2010

Bibliografische Information der Deutschen Nationalbibliothek:
Die Deutsche Nationalbibliothek verzeichnet diese Publikation in der Deutschen Nationalbibliografie; detaillierte bibliografische Daten sind im Internet über http://dnb.d-nb.de abrufbar.

Das Werk einschließlich aller seiner Teile ist urheberrechtlich geschützt. Jede Verwertung außerhalb der Grenzen des Urheberrechtsgesetzes ist ohne Zustimmung des Verlages unzulässig und strafbar. Dies gilt insbesondere für Vervielfältigungen, Übersetzungen, Mikroverfilmungen und die Einspeicherung und Bearbeitung in elektronischen Systemen.

Die Wiedergabe von Gebrauchsnamen, Handelsnamen, Warenbezeichnungen usw. in diesem Werk berechtigt auch ohne besondere Kennzeichnung nicht zu der Annahme, dass solche Namen im Sinne der Warenzeichen- und Markenschutz-Gesetzgebung als frei zu betrachten wären und daher von jedermann benutzt werden dürften.

Die Informationen in diesem Werk wurden mit Sorgfalt erarbeitet. Dennoch können Fehler nicht vollständig ausgeschlossen werden und die Diplomica Verlag GmbH, die Autoren oder Übersetzer übernehmen keine juristische Verantwortung oder irgendeine Haftung für evtl. verbliebene fehlerhafte Angaben und deren Folgen.

Alle Rechte vorbehalten

© Bachelor + Master Publishing, Imprint der Diplomica Verlag GmbH
Hermannstal 119k, 22119 Hamburg
http://www.diplomica-verlag.de, Hamburg 2014
Printed in Germany

Inhaltsverzeichnis

Einführung 1

I. Historischer Überblick über den Kanun bei den Albanern 2

II. Der Begriff des KANUN 5

III. Die bei den Albanern angewandten Kanune 6

    III.1. Der Kanun des Lekë Dukagjini 6

    III.2 Der Kanun des Skanderbeg 8

    III.3. Der Kanun der Labëria 8

    III.4. Der Kanun des Großen Berglandes 8

IV. Positive und negative Besonderheiten bei den Kanunen 9

    IV. 1. Positive Besonderheiten 9

        IV.1.1. Das Ehrenwort, gegebenes Wort, (Waffenstillstand) (alb. besa) 9

        IV.1.2. Die Gastfreundschaft (Mikpritja) 10

        IV.1.3. Der Schutz 12

        IV.1.4. Die Ehre 13

        IV.1.5. Mannhaftigkeit 14

    IV.2. Negative Besonderheiten 14

        IV.2.1. Rache und Blutrache 14

        IV.2.2 Ungleichheit 16

V. Fazit 18

Literaturverzeichnis 19

Einführung

Seit wann kennt man das Gewohnheitsrecht bei den Albanern? Die Illyrer als Vorfahren der Albaner, die in vorhistorischer Zeit und zwar in der „paläo-indoeuropäischen" Periode, auf dem Balkan gelebt haben, hatten die Sitten und Gebräuche als Hauptquelle des Rechts. Die nicht schriftlichen juristischen Quellen oder das Gewohnheitsrecht (bei den Albanern Kanun) greifen diese Regeln auf, die in einer früheren Entwicklungsphase der Gesellschaft geschaffen und mündlich von Generation übermittelt worden sind, die faktisch angewandt worden sind (lat. Consuetudo), sowohl aufgrund ihrer Annahme durch alle, als auch im Sinne der Überzeugung der juristischen Notwendigkeit ihrer Umsetzung (lat. Opinio necessitatis oder opinio juris). Bei den Albanern wurden viele regionale Kanunen angewandt, aber der Kanun des Lek Dukagjini (Recht des Lek Dukagjini) wird als der bekannteste und der beachteste Kanun angesehen.

I. Historischer Überblick über den Kanun bei den Albanern

Wenn wir sagen, dass das Gewohnheitsrecht oder "ius non scriptum" als ungeschriebenes albanisches Recht seine Wurzeln im Altertum hat[1], dann finden wir Belege oder Argumente dafür in der Literatur antiker Schriftsteller, Philosophen und Historiker wie z.B.: Homer in seinen Werken "Ilias" und "Odyssee"[2], Hesoid[3], Herodot[4], Thukydides[5], die sich in ihren Studien mit den alten Pelasgern beschäftigten, und diese auf die Zeit um ca. 4000 Jahre v.u.Z. datieren[6]. Diese Regeln des Gewohnheitsrechts sind in jener Zeit entwickelt worden, von Generation zu Generation und über albanische Versammlungen bis in die heutigen Tage tradiert worden[7].

Die Illyrer als Vorfahren der Albaner[8], die in vorhistorischer Zeit, und zwar in der "paläo-indoeuropäischen" Periode[9], auf dem Balkan gekommen sind, hatten die Sitten und Gebräuche als Hauptquelle des Rechts.

Den spärlichen Zeugnissen zufolge war das Ziel dieses Rechtes, das sich auf das Gewohnheitsrecht stützte, bei denen Illyrer der Erhalt des Sklavenhalterstaates, daher verwandelten sich die alten von Generation zu Generation überlieferten Regeln, die die Interessen des gesamten Kollektivs zum Ausdruck brachten, zu regeln, die lediglich die engere herrschende Klasse sowie deren Interessen schützte. Die alten Sitten und Gebräuche wurden von der herrschenden Klasse nicht immer toleriert und sanktioniert, sondern lediglich wenn diese Regeln nicht in Widerspruch ihren Interessen gerieten[10].

In jedem Land oder jedem Staat gibt es Juristische Quellen, die normalerweise in schriftlicher oder auch nicht schriftlicher Form bestehen. In schriftlicher Form sind sie in entsprechenden Dokumenten kodifiziert, wie z.B: Verfassung, Gesetz, Ausführungsbestimmungen, um deren Anwendung sich der Staat mittels Kontrolle durch die Gewalt des Staatsapparates kümmert.

Die nicht-schriftlichen juristischen Quellen oder das Gewohnheitsrecht (bei den Albanern der Kanun) greifen diese Regeln auf, die in einer früheren Entwicklungsphase der Gesellschaft geschaffen und mündlich von Generation auf Generation übermittelt worden sind, die faktisch angewandt worden sind (lat. *Consuetudo*), sowohl aufgrund ihrer Annahme durch alle, als auch im Sinne der Überzeugung der juristischen Notwendigkeit ihrer Umsetzung (lat. *opinio necessitatis* oder *opinio iuris*).

Wann die Albaner eine auf die Regeln des Gewohnheitsrechts gestützte Organisation begannen, ist zeitlich recht schwer zu präzisieren.

Gestützt auf die Literatur albanischer und ausländischer Historiker wie z.B. Albert Dumont, der zum Ursprung und zur Geschichte der Albaner deutlich zum Ausdruck brachte, dass "*die*

Albaner die älteste Rasse in Europa sind "[11], muss also auch die Schaffung oder Genesis des Gewohnheitsrechts in einer sehr frühen Zeit angesiedelt werden.

Der serbische Autor Nedeljkovič, der das serbische mit dem albanischen Gewohnheitsrecht verglichen hat, stellt fest, dass das albanische Volk wesentlich älter ist als das serbische Mittelalter[12], aber auch die Mehrheit der Autoren, die sich mit dem Studium der Geschichte des albanischen Gewohnheitsrechts beschäftigt haben, ist der Auffassung, dass es ein von Generation zu Generation überliefertes illyrisch-dardanisch-albanisches Konglomerat ist[13].

Bezüglich des albanischen Gewohnheitsrechts ist die Mehrheit der Verfasser, die sich mit diesem Thema auseinandergesetzt hat, der Auffassung, dass es über Jahrhunderte und Jahrtausende hinweg geschaffen worden ist, was auch die Authochtonie der Albaner belegt, die bis auf das mittlere Paläolithikum zurückgeht[14], und das ist bis unserer heutigen Tage angewandt worden ist, nachdem ihre Territorien unter fremder, sei es römischer, byzantinischer, osmanischer, bulgarischer, serbisch-montenegrinischer, Besatzung gestanden haben, da er hatte sich als eine Ergänzung und gleichzeitig als ein zum staatlichen Recht der fremden Regime konkurrierendes Recht dargestellt[15].

Das Gewohnheitsrecht der Albaner regelte während der Geschichte wie juristischen Beziehungen in zahlreichen ihrer Lebensbereiche[16], angefangen bei der Geburt bis hin zum Tod. Im Gewohnheitsrecht fanden sich also Normen mit verfassungsmäßigen Charakter des Familien-, Zivil-, Straf- und Prozessrechts, daher wurde es auch als "Verfassung" der Albaner bezeichnet[17], oder wie Professor Ejup Statovci zum Ausdruck brachte war *"das Gewohnheitsrecht mehr als eine Verfassung, mit der es manchmal gleichgesetzt wird, es ist mehr als jedes Gesetz. Es ist zugleich eine Verfassung, auch ein Code, auch Gesetz, es ist nahezu ein gesamtes juristisches und gesellschaftliches System, das in sich auch Normen beinhaltet, die nicht mit Recht und juristischen Institutionen zu tun haben.* "[18].

Auch Karl Kaser, der sich in einer Studie mit der Untersuchung der Gesellschaftsordnung der Stammesgemeinschaften unter ethnologischen und historischen Aspekten beschäftigt hat, beschreibt das albanische Gewohnheitsrecht als ihr lyrisches Erbe, Vorläufer des Kanun als vorhergehenden Orientierungsrahmen der Stammesgesellschaft, wenn er sagt: *"Die Kenntnis der ungeschriebenen Gesetze, nach denen unsere pastoralen Gesellschaften lebten, trägt viel zum Verständnis der Ursache ihrer externen Patriarchalität bei. Sie sind der aus sehr alten Zeiten ererbte kulturelle Orientierungsrahmen, den ich als illyrisches Erbe bezeichne. Dieser Rahmen bildete sich in Zeiten heraus, in denen noch kein Staat in der Lage war, das Leben und die Herden von nomadischen oder halbsesshaften Hirten zu schützen.* "[19].

Prof. Ismet Elezi definiert die Bedeutung der ungeschriebenen Normen des Gewohnheitsrechts *"als nicht schriftliche Gesamtheit juristischer Normen und Verhaltensregeln, die in verschiedenen Zeiten beschlossen und in der Tradition mündlicher Überlieferung von Generation zu Generation weiter gereicht worden sind und die zur Regelung rechtlicher Beziehungen zwischen den Menschen in verschiedenen Lebensbereichen dienen und deren Anwendung entsprechend der Tradition durch die lokale Selbstverwaltungseinheit ohne staatlichen Zwang sichergestellt wird"* [20].

Wenn wir einen historischen Überblick über die Rolle des Gewohnheitsrechts ist bei den Albanern bei der Wahrung der Identität gegenüber den fremden Besatzern und dem Leiden, die das albanische Volk während der Geschichte durchlebt hat, geben, kann daher nicht genau gesagt werden, in welcher geschichtlichen Periode das Gewohnheitsrecht eine bedeutendere Rolle gespielt hat als in einer anderen, aber trotz aller dieser Kolonisierungen und Genozide hat dieses Recht zu überleben vermocht und dabei die Sprache bewahrt, die besonders war, die Kultur, wie die bekannte englische Albanologin Edith Durham sagte: *"Andere Reiche kamen und gingen, aber sie, vergingen auf der Schulter des Albaners, wie das Wasser auf dem Rücken der Rose[...] und er bewahrte seine Gebräuche und seine Identität."* [21]

II. Der Begriff des KANUN

Es wird angenommen, dass der Begriff "Kanun" bei den Albanern, der das gesamte Gewohnheitsrecht umfasst, aus der symmetrischen Sprache entstammt (gi = Rohr), übergegangen in das Akkadische (qanu = Rohr), in das Hebräische (qane = Rohr), dann in das Griechische (kanna = Rohr) sowie ins Lateinische, wo wir den Ausdruck *jus canonicum* finden, der «kanonisches Gesetz» bedeutet, später weiter entwickelt im Türkischen „kanon", was soviel wie Regeln, Normen bedeutet"[22].

Diese Gewohnheitsregeln, die in Kanunen kodifiziert wurden, waren zuvor auch in der Zeit von Byzanz bekannt, von ihnen weiß man, dass sie griechisch-byzantinischer Herkunft sind und als *"Nomokanon"* definiert wurden, dass sie *"juristische Normen"* darstellten, die die Kaiser von Byzanz erließen, und später erhielten sie die Bedeutung von Normen, die durch das Volk geschaffen und in den Jahrhunderten von Generation zu Generation überliefert wurden[23].

Auf dem Territorium, auf dem die Albaner in den Gebieten des Balkan leben und besonders in den tiefen Berggegenden, in denen das alte antike Volk der Pelasger mittels der Kanune des Mittelalters (Kanun des Lek Dukagjini, Kanun des Skanderbeg und Kanun der Labëria) überlebt hat, die parallel zu den Statuten der Küstenstädte Albaniens Durrës, Shkodra, Tivari, Drisht, Budva aus den XIV. Jahrhundert bestanden, hat das ungeschriebene Gewohnheitsrecht seinem Beginn vor Jahrtausenden und bleibt ein nationaler Reichtum der Albanern.

Der Wissenschaftler aus dem fernen Japan, Prof. Kazuhiko Yamamoto, der in vergleichender Weise die Probleme der Ethik des albanischen Gewohnheitscodes (Kanun), untersucht hat, ist der Auffassung: *"Auch die ethische Struktur der homerischen Gesellschaft, bestehend aus Eid, Ehre, Freund, Blut, Brot und Rache, gehört offensichtlich der ethischen Kategorie einer Gesellschaft ohne staatliche Autorität an, die bestens durch die ethische Struktur des Kanun repräsentiert wird."*[24].

III. Die bei den Albanern angewandten Kanune

Unter den zahlreichen Kanunen, die auf den albanischen Gebieten angewandt wurden, und die eine Besonderheit der Bergregionen sind und zugleich die Quelle in des albanischen Gewohnheitsrechtes darstellen, sind hervorzuheben: Der Kanun von Arber oder von Skanderbeg (1405-1468)[25], der Kanun des Hochlandes[26], der Kanun der Labëria (von Papa Zhuli)[27], der Kanun von Lekë Dukagjini (KLD)[28], die als albanischen Gewohnheitsrechtes bekannt sind.

Neben diesen Kanunen mit weiterem Handlungscharakter bestanden auch weitere besondere Kanune mit partikulieren Charakter.

Sie wurden in engeren Regionen angewandt, von ungeschriebenen Quellen des Gewohnheitsrechts ist zu geschriebenen Quellen des Gewohnheitsrechts übergegangen worden, und gleichzeitig wurden diese Kanune reformiert und den neuen gesellschaftlichen Beziehungen angepasst, da die alten Normen nicht mehr den objektiven Bedingungen und Umständen der Entwicklung in jener Periode Ende sprachen; hier sind erwähnenswert: der Kanuni von Has in Dibra, der Kanun des Berglandes von Gjakova, der Kanun von Kurbin, der Kanun von Qermenika, Kanun von Lume[29], der Kanun von Idriz Suli[30] und der Kanun von Benda[31].

Wir können zurecht feststellen, dass dort, wo die gesellschaftliche Entwicklung schneller vonstatten gegangen ist, auch das geschriebene Recht auf den Plan getreten ist, und das Gewohnheitsrecht nach und nach verschwunden ist, als Beispiel hierfür dient der Kanun der Labëria bzw. die Bevölkerung Südalbaniens, während dort, wo die Entwicklung stockte, eher das Gewohnheitsrecht bewahrt worden ist.

Diese Regeln und juristischen Richtschnuren, um eine juristische Ordnung untereinander zu organisieren, fanden die Gebirgler in der Art und Weise, dass sie die Meinungen von älteren Menschen (Dorfältesten) aber auch von Weisen eingeholten und so den Kanun in mündlicher Überlieferung gesammelten und schufen.

III.1. Der Kanun des Lekë Dukagjini

Den ersten Beitrag zum Beleg der Existenz des Kanun des Lek Dukagjini hat der österreichische Albanologe Johann Georg Hahn (1811-1869) gegeben, der neben der Schlussfolgerung, zu der er bezüglich des Ursprungs der Albaner gekommen ist, und er sagt dass "*die Albaner Nachfahren der Illyrer sind*", im Jahr 1867 in seinem zweiten Albanien gewidmeten Werk geschrieben hat, dass es auch ausgeprägte Unterschiede zwischen den

Kanunen gäbe, die in jener Zeit in den albanischen Siedlungsgebieten bestanden haben, und zwar zwischen dem Kanun des Lek Dukagjini und dem des Skanderbeg, um welche Unterscheidungsmerkmale es sich aber handelte, hatte nicht ausgeführt[32].

Einer der hervor stechen in Forscher, die sich mit dem Kanun beschäftigt haben, ist Dr. Ludwig v. Thallóczy, der auf der Grundlage der Forschungen, die er bezüglich des Alters des Kanun vorgenommen hat, zu der Schlussfolgerung gelangt ist, dass der Kanun von Lek Dukagjini aufgrund seines Inhalts selbst seine Herkunft bereits in den Zeit in des Heidentums und nicht erst in der Zeit des Katholizismus von Lek selbst haben muss[33].

M. E. Durham hat sich ebenfalls mit den Kanunen und den Gewohnheitsregeln beschäftigt und ist für ihren Beitrag, den sie zu Beginn des XX. Jahrhunderts für die Albaner und Albanien geleistet hat, als "Königin der Bergbewohner" bezeichnet worden.

Frau Durham, die mit eigenen Augen gesehen hat, wie die Bergbewohner des nördlichen Teils Albaniens und des Kosovo diese Normen des Kanun angewandten und mit unbeschreiblicher Entschlossenheit respektierten und die Wirkungskraft bei ihnen erlebte, hat über Lek selbst gesagt, *"dass er eine "imponierende Persönlichkeit" gewesen sein muss, die die Möglichkeit gehabt hat, ihn in diesem Gebiet hin, in denen eine Bevölkerung katholischen Glaubens lebte, ihn noch berühmter als die Bibel zu machen" und über sein Alter sagt sie, dass es "der älteste Code ist, der in Europa existierte"."*[34].

Der Kanun des Lek Dukagjini ist der Kanun, der von Generation auf Generation als Gerichtspraxis und mittels formulierter oder von ihm von Fall zu Fall wiedergegebener Sprichwörter als juristische Sentenz vererbt wurde, der für die Bergbewohner der nördlichen Gebiete Albaniens und des Kosovo wie die heilige Bibel wurde, wo Margaret Hasluck Lek mit Solon von Athen vergleicht, der die bestehenden Gesetze überprüft und kodifiziert hat, jedoch ohne sie auf Papier zu schreiben[35].

Der Kanun des Lek Dukagjini blieb und geschrieben, wirkte aber die Jahrhunderte über wie das englische "Common Law", bis er von Bruder Shtjefën Gjeqovi unmittelbar von der Bevölkerung der Medica bzw. des Hochlandes zu Beginn des 20. Jahrhunderts gesammelt und kodifiziert worden ist, und dieser ihn zu Papier bringt als albanisches Rechtssystem mit ungeschriebenen Quellen, dass Jahrhunderte lang in den Gebieten Nordalbaniens und im Kosovo gestanden und funktioniert hat, dass die Verhaltensweisen der albanischen Gesellschaft, in der das schriftlich fixierte Recht fehlte, festlegte oder definierte; daher ist er der Auffassung, dass der Kanun des Lek Dukagjini *"eine Sammlung von Gewohnheitsnormen darstellt, die Personen mit Autorität jener Zeit kodifiziert haben, und der juristische Werte hat, und der als Zivilgesetz im Bergland von Shkodra und im Kokain anerkannt wurde."*[36].

III.2 Der Kanun des Skanderbeg[37]

Das Gebiet, in dem der Kanun von Skanderbeg Rechtskraft besessen hat, erstreckte sich in Zentralalbanien und zwar in den Provinzen des Prinzipats der Kastrioten und deren Einflussbereich: Kruja, Mat, Dibra, Valm (Elbasan) von den Flüssen Mat-Fand im Norden bis hin zum Fluss Shkumbin (Librazhd) im Süden, und vom Adriatische Meer im Westen bis hin zu den östlichsten Grenzen von Dibra und Ohrid im Osten[38].

Der Kanun von Skanderbeg hat eine Einleitung, die aus drei Artikeln besteht: Art. I – Das Verbreitungsgebiet (1-7), Art. II – Kanuni und sein Verfasser (8-9), und Art. III – Das Recht und die Kraft, neue kanonische Gesetze zu machen (20 – 49).

Der gesamte Kanun umfasst insgesamt 3534 Artikel. Jeder einzelne Artikel ist interessant, regelt, normiert und definiert die unterschiedlichsten Aspekte des gesellschaftlichen albanischen Lebens.

III.3. Der Kanun der Labëria

Der Kanun der Labëria ist in den südlichen Teilen Albaniens bzw. in der Region der Labëria angewandt worden. Im Kanun der Labëria werden als Einheit die die Ethik, ein System hoher moralischer Werte sowie grundlegende juristische Prinzipien der Verteidigung der Ehre, der Mannhaftigkeit, Hochherzigkeit, Treue, Gastfreundschaft, Edelmuts, Prinzipien der Gleichheit, des Blutes, der Freiheit sanktioniert.

Der Kanun der Laberia gliedert sich in X Teile mit 50 Kapiteln und 883 Artikeln[39]. Nach der alten Mundsage, sollte dieser Kanun auch, als Kanun des Julius Paters (Papa Zhuli) ernannt.

III.4. Der Kanun des Großen Berglandes

Dieser Kanun ist von der albanischen Bevölkerung im heutigen Gebiet von Montenegro angewendet worden. Folgende Stände haben ihn respektiert und als eigene Normen anerkannt: Kastrati, Hoti, Gruda, Kelmendi, Kuçi, Krasniqi, Gashi und Bytyci, das heißt also auf dem Gebiet zwischen dem Shkodrasee im Westen und den Bergen von Gjakova im Osten, im Norden begrenzt von dem Gebiet, in dem der Kanun des Lek Dukagjini galt[40].

IV. Positive und negative Besonderheiten bei den Kanunen

Der Kanun wird oftmals mit Blutrache gleichgesetzt, aber das Grundcharakteristikum des Kanun ist, dass die Prinzipien (Ehre, Eid, Gastfreundschaft, Mangelhaftigkeit usw.) sowie die wichtigsten Institutionen der gesellschaftlichen Organisation (Familie, Eigentum, Erbe, Gesetze der Alten) seine Hauptsäulen darstellen. Ja, die Ehre, der Eid, die Gastfreundschaft und sie Mannhaftigkeit nehmen in den albanischen Kanunen einen besonderen Raum ein.

Als Besonderheit dieser Kanune können diejenigen erwähnt werden, die eine positive Rolle bei der Entwicklung von juristischen Beziehungen zwischen den Bergbewohnern gespielt haben, als da sind: Der Eid, die Gastfreundschaft, die Ehre, die Mannhaftigkeit sowie diejenigen, die als negativ zu bewerten sind, wie Rache, Blutrache und Ungleichheit der Menschen.

IV. 1. Positive Besonderheiten

Die heutige Interpretation dieser positiven Institutionen des albanischen Gewohnheitsrecht des Kanun des Lek Dukagjini sind: Das **Ehrenwort**, die **Gastfreundschaft**, die **Ehre** und die **Mannhaftigkeit,** die als ein positives Konglomerat aus dem albanischen Gewohnheitsrecht im aktuellen Kontext der europäischen und nordatlantischen Integration hervorgehen, stoßen auf keinerlei Schwierigkeiten, in das zeitgenössische Rechtssystem implementiert zu werden, denn wie der albanische Schriftsteller Ismajl Kadare sagt: *"Keine heutige albanische Zielsetzung und kein lebenswichtiges Interesse steht im Widerspruch zum europäischen Kostüm. Im Gegenteil, sämtliche seiner Interessen stimmen mit denen des Europas von morgen überein: Das Verblassen der Grenzen, die freien Kontakte, der Austausch von Waren, Menschen, Kulturen. [...] Es ist eine Chance, wenn es weder Dämonen noch Geister benötigt."*[41].

IV.1.1. Das Ehrenwort, gegebenes Wort, (Waffenstillstand) (alb. besa)

Über das Ehrenwort als heilige Institution [42] des Gewohnheitsrechts bei den Albanern haben zahlreiche albanische und ausländische Autoren geschrieben, und es heißt seit der Zeit Skanderbegs: *"Das Ehrenwort stellt den wertvollsten Schatz der Albaner dar"*[43] und das von Albanern gegebene Wort ist heilig und derjenige, der das Ehrenwort nicht hält, ist kein Mensch, und die Albaner sterben eher, als dass sie ein gegebenes Wort brechen[44].

Aus unterschiedlichen Literaturquellen kann entnommen werden, dass die Institutionen des Ehrenwortes eine originäre albanische Institution, nachdem auch andere Völker wie die Serben, wie Bulgaren diesen Begriff entliehen haben und sich bemüht haben, eine sprachliche Übersetzung zu finden[45].

Dem japanischen Wissenschaftler Kazuhiko Yamamoto zufolge schätzen die Albaner das Ehrenwort sehr. Es ist etwas Heiliges[46].

Besondere Bedeutung wird im Kanun des Lek Dukagjini den Ehrenwort in den Paragraphen 854-885 gewidmet, wo es § 854 heißt, *Besa asht nji vade lirije e sigurimi, qi shpija e te vramit i ep dorerasit e shpijarve te tij, tuj mos i ndjeke per gjak perkohsisht e mje ne vade te caktueme* **(Der Gottesfriede (besa) ist eine Frist der Freiheit und Sihercheit, die das Haus des Getöteten dem Täter und seinen Hausgenossen gewährt, um in nicht sofort und vor einer bestimmten Frist für das Blut zu verfolgen**).

Der Kanun des Lek Dukagjini hat keine Systematisierung der Materie vorgenommen, die mit schlechten Handlungen gegenüber fremden Gästen, mit Vermittlern des hehren Worte, Blutrache zu tun haben, jedoch heißt es im Kanun *"das Wort ist Vergebung"* und *"was versprochen wird, muss gehalten werden"*. Die Albaner waren sich gegenwärtig, dass sie sich für das gegebene Wort (Ehrenwort) vor dem Gericht der Alten oder vor der Macht des Gläubigers zu verantworten hatten.

Der Kanun kennt zwei Arten von Ehrenworten: für 24 Stunden und 30 Tage.

a) Wenn das Haus des Getöteten ein Ehrenwort (Waffenstillstand) für 24 Stunden gab, dann hatte der Täter das Recht, am Begräbnis teilzunehmen, auch wenn er der Mörder war. Dieses Ehrenwort dauerte nicht länger als 24 Stunden.

b) Das Dorf konnte zur Gewährung eines Ehrenwort des mit einer zeitlichen Frist von 30 Tagen für den Täter und dessen Familie eintreten.

Falls das Haus des Getöteten der Familie des Täters kein Ehrenwort gab, dann muss nun der Auto und die Familienangehörigen eingeschlossen verharren; es begann eine Art Hausarrest, Hausgefängnis.

IV.1.2. Die Gastfreundschaft (Mikpritja)

Im Kanun ist auch das **Institut der Gastfreundschaft** sanktioniert gewesen. Im Weiteren dieser wissenschaftlichen Studie wird über das Konzept der Gastfreundschaft nach dem Kanun von Lek Dukagjini gesprochen. So als Freund wurde ein bekannter oder unbekannter, ein geladener oder nicht geladener, ferner stehender oder verwandter, einheimischer oder fremder Mensch ohne Ansehen des Alters und Geschlechts angesehen, der sich zu jeder Zeit an das Haus wandte, um Unterkunft oder Schutz zu finden, um die Sehnsucht mit Verwandten zu stillen, um verschiedene Abkommen zu schließen.

Das Konzept der Gastfreundschaft finden wir bestens wiedergegeben in dieser Aussage des Kanun: *"Das Haus des Albaners gehört Gott und dem Freund"*. Dieses Institut ist im Paragraph 602 des Kanun des Lek Dukagji festgelegt, *"Shpija e shqyptarit asht e Zotit dhe e mikut"*. Es ist eine Besonderheit, dass im Kanun Gott und der Gast im Haus gleich sind. Dannach gemäß Paragraph 603 *der Gast kann das Haus nicht beitreten, ohne ihm Hof Stimme zu geben (miku nuk mund te hyje ne shtepi, pa bere za ne oborr)*. Die Aufgabe des Gastnehmers gemäß Paragraph 604 lautet: wenn der Gast laut gibt, wird ihm der herr des Hauses oder sonst ein Hausbewohner antworten und entegegengehen *(si te baje za miku, i zoti i shpise i pergjigjet e i del perpara)*. Gemäß Paragraph 605 mann begrüßt sich mit dem Freund, nimmt ihm die Waffe ab, führt ihn ins Haus *(falet me mik, armen i a merr, e i prin ne shpi)*. Gemäß Paragraph 606 Die Waffen hängt man auf den Waffenstock und führt den Gast zu Häupten der Stube an den Herd *(Armen i a vare ne krrabe, edhe e con ne krye te vendit ke votra)*. Gemäß 607 Man facht das feuer an, ruft um Holz: "Der Gast will Holz!" (Perpushet zjarmi, lypen edhe dru. *"Miku don dru"*) und anschließend gemäß Paragraph 608 *dem Gast wird mit Brot, Salz und Herz Ehre erwiesen (bukë e kryp e zemër)*. Ausserdem lautet gemäß Paragraph 609: *Das Brot, Salz und Herz, den Holzblock und Streu für das Lager findet der Gast bereit zu jeder Stunde des Tages und der Nacht ("Buka e krypa e zemra, zjarmi e trungu e do firi per shtroje do te gjendte gati per mik ne cdo kohe te nates e te dites")*. Die Gastfreundschaft bei den Albanern hatte ein besonderes Karakteristikum gemäß Paragraph 610 dem müden Gast wird aufgewartet mit Diensten und Ehrbezeugung. Dem Gast werden die Füße gewaschen *(Mikut te lodhen do t' i vihet rreth me te pritun me ndere. Mikut i lahen kembet)*. Gemäß Paragrapg 611 für jeden Gast braucht es die Speise, an die er selbst gewöhnt ist *(Per cdo mik duhet buka si han vete)*.

Es gibt zahlreiche Fälle, die von einer warmherzigen Gastfreundschaft seitens der Albaner zeugen, die diese Ausländern zuteil werden ließen. So schreibt z.B. Franz Baron von Nopca im Sommer des Jahres 1905 während seiner großen Expedition: *"Ein Ereignis im Tal des Cemi nahe der Brücke von Tamara auf dem Land der Kelmendi machte großen Eindruck auf mich. Ich ersuchte in einem Haus um ein wenig Wasser zum Trinken, aber anstelle des Wassers reichte der Hausherr, den ich überhaupt nicht kannte, mir eine Tasse Buttermilch, die ich bis zur Neige trank. Nachdem ich getrunken hatte, kam der Bruder des Hausherrn ins*

Haus, auch dieser mir unbekannt, und, da es schon spät und er müde von der Reise war, wollte er Buttermilch trinken. Natürlich fand er die Tasse geleert vor, und als der Hausherr ihm erklärte, wer die Buttermilch getrunken hatte, war er keinesfalls verdrossen, wie man denken könnte. Im Gegenteil, er sagte, es wäre ein Glück, dass ich vor ihm ins Haus gekommen wäre, denn ansonsten hätte seine Familie nichts gehabt, was sie dem Gasthätte anbieten können, und der Gast wäre gezwungen gewesen, den Weg fortzusetzen, ohne etwas gegessen zu haben."[47].

Profesori Eqrem Cabej sagte darüber: *"Die Gastfreundschaft ist dem Albaner ein heiliger Brauch."*[48]. So stellte auch der albanische Schriftsteller Ernest Koliqi die Gastfreundschaft folgendermaßen dar: "Wahrer Typ", armer edelmann, der hätte sich das letzte stück Brot vom Munde, den Frauen und Kindern abgespart, um den Hausgast mit "Salz und Herz" zu bedienen und er hätte das ganze Haus samt Waffe verkommenlassen, er würde das Haus verwildern lassen, vom Eingang bis zu dem Kamin, bevor er dem Gast den Schutz nicht gewährleistet."[49].

IV.1.3. Der Schutz

Ein Spezifikum der Gastfreundschaft bei den Albanern war es, dass diese nicht nur für das Haus galt, sondern auch außerhalb des Hauses fortgesetzt wurde. Der Kanun schreibt: der Gast (Freund) wird begleitet, so weit er begleitet zu sein bittet. Ein solcher Fall war der *Schutz*. Der Schutz ist in allen albanischen Kanunen vorgesehen. So ist im Kanun des Lek Dukagjini im Paragraph 642, im Paragraph 664 des Kanun des Skanderbeg und im Paragraph 49 des Kanun von Laberia sanktioniert. Ein solcher Schutz bei den Albanern hatte die Bedeutung, dass während der Zeit du den Gast (Freund) geleistet, wird jede Schande, die ihm jemand antut, von dir gefordert.

Dieser hatte den Sinn, dass der Freund nicht in Blut viel und so lange vor einer Fehde geschützt war, solange er "*das Brot des Hausherrn isst*".

Es gab Fälle, in denen der Freund, wenn er in den Hinterhalt einer Fehde geliebt, nur zu rufen brauchte: "*ich esse das Brot eines bestimmten Menschen* " oder wie z.B. gemäß Paragraph 665 des Kanun des Skanderbeg "*ich stehe unter dem Schutz einer bestimmten Person*" – d.h. z.B. des Hausherrn, und dies rettete ihn aus unangenehmen Situationen, es rettete ihm das Leben, und er war frei, weiterzugehen.

IV.1.4. Die Ehre

Was das Institut der Ehre anbelangt, so muss hervorgehoben werden, dass sie für den Albaner einen göttlichen Charakter hatte, den ihr Verlust wurde von Kanun als Tod bei lebendigem Leibe angesehen[50].

Im Kanun des Lekë Dukagjini wird das Institut der Ehre und seines Schutzes in den Paragraphen 593 – 601 erwähnt sowie im Paragraph 597 mehr bestimmt: *Ndera e marrun s'falet, (Die Geraubte Ehre hat keine Buße und wurde das Theorema gebraucht: „dy gisht nderë në lule të ballit na i njiti Zoti i madh"* (Zwei Fingerbreit Ehre auf die Blume der Stirne gab uns Gott), wie auch gemäß Paragraph 598 „*Ndera e marrun nuk shperblehet me gja, por a me të derdhun të gjakut, ose me të falun fisnikisht*" (Die geraubte Ehre wird durch Gegenstände nicht ersetzt, aber durch das Vergießen des Blutes oder durch die edle Vergebung). Gemäß Paragraph §595 wird erwähnt "*N'i preket kush kuej ne ndere, peng a plak per ndere te marrun s'ka*; (Jeder hat seine Ehre für sich selbst, und niemand kann sich einmischen oder die Ehre mit Ältesten und Pfändern umgehen). Der Kanun sagt: wenn du willst, vergebe; wenn du willst, wasche die geschändete Blume der Stirne. Der Geschädigte hat, was die Ehre betrifft, die offene Türe (sie wurde ihm durch die Beleidigung aufgestoßen die schlimmste Unehre.

Gemäß Paragraph 600 des Kanun des Lek Dukagjini ist bestimmt, wann die Ehre dem Manne geraubt wird:

a) indem ihm jemand vor den im Rat versammelten Männern sagt, er lüge;
b) indem man ihn bespuckt, bedroht, stößt oder schlägt;
c) indem man die Treue oder Vermittlung bricht;
d) indem man ihm die Frau schändet oder entführt;
e) indem man ihm die Waffen des Armes oder Gürtels schändet;
f) indem man ihm das Brot schändet, durch Beleidigung des Freundes, des Dieners;
g) indem man ihm das Haus erbricht, die Hürde, Scheuer oder Milchkammer;
h) indem man ihm Darlehen oder Verpflichtung vorenthält;
i) indem man ihm die Herdplatte (den Herdstein) entfernt;
j) indem man vor dem Freunde einen Bissen zu sich nimmt, und so dem Freund die Ehre raubt und
k) indem man ihm vor dem Freund den Tisch schändet, sowie wenn der Herr des Hauses die Pfanne auskratzt oder den Teller ausleckt.

IV.1.5. Mannhaftigkeit

Bezüglich des Instituts der *Mannhaftigkeit*[51], wird jener Mann betrachtet, der diese Tugenden auf sich vereint: Der Ausdruck "Mannhaftigkeit" hat seine Herkunft in dem Wort Mann, das ein Charakteristikum der Kultur der Albaner ist und zahlreiche untereinander verbundene Elemente aufweist, und ansonsten auch „albanischer Geist" genannt wird; es wird aber auch gesagt, dass „er einen derart offenen Blick hat wie das Leben, und die Umsicht, mit der es umgibt, Wille, Standhaftigkeit, Edelmut sowie jeder Tugend, die sich darin auswirkt, ein „tapferer" und gegenüber den ihn begleitenden verschiedenen Gefahren „unbeugsamer" Mann zu sein.

IV.2. Negative Besonderheiten

Die albanischen Kanune haben neben ihrer positiven Rolle, die sie bei der Wahrung der albanischen Identität mittels der Wahrung der Sprache, drollige Kultur durch die oben erwähnten Institutionen gespielt haben, auch einige für die Gesellschaft in negative Institutionen gehabt, wie z.B. die Rache, die Blutrache und die geschlechtliche Ungleichheit, de allerdings nicht nur ihre Besonderheit waren, sondern auch die zahlreicher anderer Völker, die in jener Zeit lebten.

IV.2.1. Rache und Blutrache

Das Institut der *Rache* kann definiert werden als Vergeltung für ein Übel, für das erlittene Übel, z.B. Vergeltung für das Übel einer Beleidigung, eines Streits, einer Auseinandersetzung, einer Verleumdung oder einer sonstigen Straftat - im Verhältnis zum erlittenen Übel oder in einem größeren Ausmaß[52], also eine bewusste Entschädigung für das erlittene Übel, wenn kein Blut geflossen ist.

Das Institut der *Blutrache* hingegen sollte definiert werden als *Entzug des Lebens des Täters des vorrangegangenen Mordes, siehe Kanun "Gjaku shkon për gisht", oder eines anderen Mitglieds der Person der engeren Familie (Haus des Täters), konkreter bei Totschlag, in erster Linie des Täters oder des Mörders des vorhergegangenen Mordes oder eines Mitglieds seiner engen Familie oder Mittäter wegen des vorhergegangenen Mordes, gemeinsamen Ausführung des vorhergegangenen Mordes oder der vorangegangenen Körperverletzung*[53].

Rache und Blutrache sind in jener Zeit als Akte der Gerechtigkeit angesehen worden bzw. als unersetzliche Sanktionen, um die gesellschaftliche Ordnung in einer Gesellschaft ohne Staatsapparat wiederherzustellen und zu wahren.

In seinem Vorwort zum Kanun von Lekë Dukagjini, sagte Pater Gjergj Fishta: «*Mord wurde nach dem Kanun verurteilt, da es aber weder Staat noch Gerichte gab, blieb ein Pfad für Selbstjustiz und individuelle Rache als Mittel des Selbstschutzes*». Daraus schlussfolgert Fishta, dass «*es ein Fehler ist zu sagen, das Nehmen des Blutes bezeichne die Barbarei der albanischen Nation, sondern sie entspringt aus einigen Händen, die nicht vom Geist dieser Nation abhängig sind, sondern von ihrer gesellschaftlichen Organisation*». Zu erwähnen ist, dass der Kanun in einer Reihe von Fällen zur Selbstbeherrschung anhält. Im Paragraph 909 des Kanun von Lek Dukagjini heißt es: "*Blut sei nicht für eine Schuld*" und es erklärt, dass "*jede Schuld, die ein Albaner gegen ein Albaner verübt, hat er das Recht, durch den Altenrat und Pfänder zu ahnden; der Betreoffene darf aber für solche Schuld nicht tuten.*"[54].

Die Rache konnte auch durch Niederbrennen und Zerstörung, durch Konfiszierung des Eigentums und den Bann einer bestimmten Person zum Ausdruck gebracht werden[55].

Die Blutrache ist kein ererbtes Phänomen oder Teil der Gene der Albaner[56], oder lediglich eine bestimmten Teils der Gesellschaft, wie es einige Forscher darzustellen versuchen, sondern sie kommt seit dem ersten Stammesgruppen vor, es wird geschrieben, dass sie aus der griechischen Antike stammt[57].

Es darf nicht vergessen werden, dass die Blutrache einen zwischenfamiliären Charakter zur Sanktionierung eines Schuldigen oder eines Mitglieds aus dessen Familie für den Mord an einem Familienmitglied des Blutnehmers hat.

Der Täter, der an einer Blutrache verwickelt war, hatte die Tat nicht begangen, wegen anderen Motiven, ausser seiner Liebe zu dem Opfer, also "*da die Blutrache nicht derart blutig war, wie es auf den ersten Blick den Anschein haben mag, und dass der Rächer nicht Rache nimmt, weil er den Bluttäter pathologisch hasst, sondern das zuvor verlorene Familienmitglied überaus geliebt hat*"[58].

Dieses Phänomen besteht, auch wenn es einer alten Zeit und einem alten Recht zuzuordnen ist, auch in unseren heutigen Tagen, ja, wie Ismail Kadare sagt, lebt es sogar weiter[59].

IV.2.2 Ungleichheit

Das Zeitalter des Mittelalters ist durch partikuläre Rechte charakterisiert, die nur in einem bestimmten Bezirk galten, die vom König, von Feudalherren erlassen worden sind sowie von den kanonischen Normen, die die Kirche erlassen hat.

Auch wenn in den all den Kanunen die Gleichheit hervorgehoben wurde, so wie z.B. in den Aussagen des Kanun von Lek Dukagjini im Paragraph 887 der Fall war, der die Gleichheit unter den Menschen festlegt, wenn es heißt: "*çmimi i jetës së nierit asht nji*", (Der Preis des menschlichen Lebens ist gleich), danach gemäß Paragraph 891 "*si i miri dhe i keqi jane njesoj, se prej te mirit del i keqi dhe prej te keqit del i miri*", (wie der Gute so der Böse haben denselben Preis, weil der Gute vom Bösen abstammt, und der Böse vom Guten), daher der Menschenwert gilt "*shpirt per shpirt*", (Seele für die Seele)[60] so gab es dennoch Ausnahmen. Solche Fälle des Ausschlusses von Gleichheit waren:

a) **Ausschluss der Kirche von der Verpflichtung gegenüber der Gemeinschaft** (Gegend, Fahne)

Wie in jedem kirchlichen Kanon, der zu jener Zeit bestanden hat, so heißt es auch im Kanun im Abschnitt 1 und 2 des Kanun von Lekë Dukagjini, dass die Kirche "*nicht mit Bußgeld belegt wird und kein Pfand zu leisten hat*", also eine Art Privileg für die Kirche vorgesehen ist.

Dieser Kanun ist wie die übrigen albanischen Kanune jener Zeit ein Produkt und Spiegel des Feudalrecht, und entsprechend Paragraph 1196 des Kanun von Lek Dukagjini nie wurde die schärfste Strafe für Mörder von Priestern ausgesprochen, um vorgesehen war, dass die Blutsverwandtschaft für immer von dem Ort verbannt werden sollte, während für andere Daten 5 – 15 Jahre vorgesehen waren.

b) **die Stellung der Frau außerhalb des Kanun**[61] die eine Spur alter Zeiten darstellt.

Die Ungleichheit der Frauen ist in dem Paragraph 29 des Kanun von Lek Dukagjini kommt in dem "*Gruaja eshte shajkull per te bartur*", (Die Frau ist ein Schlauch, indem die Ware transportiert wird), und auch in den betitelten Paragraphen des Kanun bezweckt oder die nie vor, der eine Symbolik dieses Niveaus hatte, dass die Frauen als Objekt betrachtet wurden, als das römisches *res* des Rechts.

Im Abschnitt 13 des Kanun Dukagjini sind die Pflichten des Mannes und der Frau festgelegt. Gemäß Paragraph 32 **Die Pflichten des Mannes gegenüber der Frau sind:**

Der Mann hat die Pflicht:

a) Für Kleider und Schuhe und den gesamten Lebensunterhalt der Frau zu sorgen und

b) Die Ehre der Frau zu schützen und ihr keinen Grund zu gehen, sich wegen Entbehrung eines Notwendigen beklagen zu müssen.

Also, diese zwei Aufgaben waren alles, was von den Männern respektoert sein mußte.
Gemäß Paragraph 33 **Die Pflichten der Frau gegenüber dem Mann sind**:

a) Dem Mann die Ehre zu bewahren,

b) Ihn zu bedienen ohne Zweifel,

c) Dass sie unterwüfich ist und

d) Die Aufgaben der Ehe zu verantworten.

Wenn also die Interpretation dieser Aufgaben erfolgte, sollte auffallen, dass die Männer dieses Recht nutzten, weil es ihnen die Möglichkeit gab, die Frau zu schlagen oder aus dem Haus zu entfernen, und sei es nur aufgrund eines Wortes, das er als Verletzung seiner Ehre verstehen konnte.

Es gab Fälle, in denen Mädchen nach der Verweigerung der Ehe in ihren Familien und darüber hinaus eine wichtige Rolle spielten, da sie sich wie Männer kleideten und Feldarbeit leisteten und die das Recht hatten, an den wichtigen Versammlungen der Bergbewohner teilzunehmen, allerdings ohne Stimmrecht und das Recht zu urteilen.

Diese Ungleichheit der Frau im Verhältnis zu meinen, die im Kanun bestand, war nicht nur ein Phänomen der mittelalterlichen albanischen Gesellschaft und Mentalität, sondern diese Ungleichheit der Geschlechter war in Europa bis Ende des 20. Jahrhunderts anzutreffen[62].

V. Fazit

Der Kanun und das albanische Gewohnheitsrecht im Allgemeinen haben also während der Geschichte eine mehrdimensionale Rolle bei der Wahrung der nationalen Identität, der Kultur, der Sprache, der Vaterlandsliebe, der Achtung des Verwandten wie auch des Fremden, der jeweils als Freund angesehen wurde, gespielt. Der Kanun hat dazu beigetragen, dass die Solidarität und Vaterlandsliebe unter dem albanischen Volk erhalten blieb. Das albanische Volk hat sich unter einander solidarisch gezeigt, selbst in den entferntesten Gegenden der Welt, was auch die jüngste Geschichte der serbischen Okkupation und des serbischen Genozids in den 90er Jahren in Kosova belegt hat.

Literaturverzeichnis

[1] Pupovci, Syrja: Burimet për studimet e Kanunit të Lekë Dukagjinit, Studime historike, Nr. 2. Tiranë, 1971. S. 75; Zojzi. Rrok, Aspekte të Kanunit të Skenderbeut të para në kuadrin e përgjithshëm të së drejtes kanunore, Studime historike Nr. 4, Tiranë, 1974, S. 175.

[2] Homer: Ilias, Kap. XVI 285 – 290, S. 357, Odyssee, Kap. XIV, Prishtinë

[3] Hesiod: „"Carmina" S.134-156, zitiert nach "Ilirët dhe Iliria te autoret antik" Prishtinë, 1979, S.14

[4] Herodot: Historien, Buch II, zitiert nach „"Ilirët dhe Iliria te autorët antik" S. 16

[5] Thukydites: Historien, nach dem zitierten Werk S. 24

[6] Doucette, R. Serge / Thaqi, Hamdi: Kosova "Demokraci morale" apo Kosovo "Serbi e madhe", Prishtinë, 2004, S.156 – 157

[7] Ukaj, Bajram: Dënimet në të drejtën penale të Shqipërisë, Prishtinë, 2006, S. 32

[8] Thunmann, E. Johann: Untersuchungen über die Geschichte der östlichen europäischen Völker, I Teil, Leipzig, 1774, S. 249, in: Stipcevic, Aleksander "Ilirët, historia, jeta, kultura", Prishtinë 1980, S. 79

[9] Jacques, Edwin: "The Albanians: An Ethnic History from Pre-Historic Times to the Present", 1995, North Carolina, übersetzt von Edi Seferi, Tiranë, S. 43.

[10] Krisafi, Ksenofon: Shteti dhe e drejta në Iliri, in: Historia e shtetit dhe e së drejtës në Shqipëri, Tiranë 2007, S. 22 – 24

[11] Frashëri, Kristo: "Abdyl Frashëri" (1839 – 1892), Tiranë, 1984

[12] Nedeljkovič, Branislav: Kanun Leke Dukadjina, "Anali Pravnog Fakulteta u Beogradu", 4, 1958

[13] Statovci, Ejup: Një monument madhor i kultures së lashtë shqiptare, Përparimi, Nr. 5. Prishtinë, 1990, S. 527-528; Meksi, Vangjel, Problemi i historisë së institucioneve juridike të shqiptarëve, in: "Konferenca e studimeve albanologjike", Tiranë, 1969

[14] Homer: "Die Pelasger waren ein authochtones Volk, das auf seiner Erde lebte", zitiert nach "Shqipëtarët-kombë i ndarë" I, S.116; Historia e Popullit Shqipëtar I, S. 44

[15] Laurasi, Aleks / Zaganjori, Xhezair / Elezi, Ismet / Nova, Koço: Historia e shtetit dhe e së drejtës në Shqipëri, Kreu VI e drejta zakonore shqipëtare, Tiranë 2007, S. 231

[16] Bashkurti, Lisen: Diplomacia shqipëtare, Tiranë, 2005, S, 60

[17] Luarasi, Aleks: "Edrejta zakonore shqiptare" in: "Historia e shtetit dhe së drejtës në Shqipëri, Tiranë 2007, S. 232

[18] Statovci, Ejup: Një monument madhor i kultures së lashtë shqipëtare, Përparimi – Revistë shkencore, Nr. 5, 1990 S. 517

[19] Kaser, Karl: Hirten, Kämfer, Stammeshelden, Ursprünge und Gegenwart des balkanischen Patriarchats, Wien, 1992. S. 293

[20] Elezi, Ismet: "Njohuri për të drejtën zakonore mbarëshqiptare", Prishtinë 2003, S. 10 sowie auf: http://kanuniilaberise.tripod.com/id17.html (zuletzt gelesen am: 28.01.2008)

[21] Miss Edith Durham: Brenga e Ballkanit, Tiranë 1991, S. 104

[22] Chantraine, Pierre: Dictionaire etymologique de la langue grecque, Bd. 2: E-K, Paris, 1970

[23] Nova, Koço: Einleitung zur Arbeit "E drejta zakonore shqiptare, Kanuni i Lekë Dukagjinit", Teil 1, Tiranë, 1989, S. 5

[24] Yamamoto, Kazuhiko: The etical structure of Kanun and cultural implications, ins Albanische übersetzt durch Dr. Selahedin Velaj, New York 2005, S. 215

[25] Er ist nach Skanderbeg benannt, da dieser für die eigenen und die unter seinem Einfluss stehenden Gebiete einige besondere kanonische Gesetze geschaffen hat. Der Kanun wurde

auch Kanun der Arbëria genannt. Die Gegenden, in denen dieser Kanun Gültigkeit besaß, ersteckten sich in Zentralalbanien, unter anderem in den Gebieten des Fürstentums der Kastrioti und deren Einflußgebieten: Kruja, Mat, Dibra, Valm (Elbasan), von den Flüssen Mat-Fand im Norden bis zum Fluß Shkumbim (Librazhd) im Süden, und von der Adria im Westen bis nach Dibra und Ohrid im Osten. Diesen Kanun hat Dom Frano Illia während der Jahre 1936-1966 kodifiziert, seine Veröffentlichung datiert aus dem Jahr 1993

[26] Dieser Kanun aus dem Gebiet des heutigen Montenegro hat Anwendung gefunden bei diesen albanischen Stämmen: Kastrati, Hoti, Gruda, Kelmendi, Kuçi, Krasniqi, Gashi dhe Bytyqi, oder geografisch auf den Neun Bergen des Grossen Malësia des Ober-Skodras und bis zu dem Malësia von Gjakova, Grossen Malësia und im Feld des Kosova

[27] Dieser Kanun aus Südalbanien hat Anwendung gefunden in: Kurvelesh, Tepelena, Himara und Vlora, er ist durch den Ethographen Rrok Zojzi sowie in Kurvelesh durch Ismet Elezi gesammelt worden

[28] Dieser Kanun ist nach Leka, dem Herrscher über die nördlichen Teile Albaniens im XV. Jahrhundert benannt worden. Der Kanun Lek Dukagjin erhielt seinen Namen von der bekanntesten Familie jener Gegend, er ist in den Territorien des nördlichen Teils Albaniens zwischen dem Großen Bergland und der Mirdita und Westkosovo praktiziert worden. Dieser Kanun ist in 12 Bücher, Kapitel, Abschnitte, Paragraphen aufgeteilt. Das Fürstentum der Dukagjini hatte seinen Hauptort in Lezha, es umfasste die Zadrima, die Gebiete im Norden und Nordosten Shkodras und erstreckte sich bis tief in die Gebiete des heutigen Serbien mit einem zweiten Hauptzentrum in der Stadt Ulpiana bei Prizren

[29] Dieser Kanun ist von Shefqet Hoxha und Aleks Laurasi gesammelt worden

[30] Dieser Kanun ist eine reformierte Fassung des Kanuns der Labëria, auch unter dem Namen "Shartet e Idriz Suli" [Gebote des Idriz Suli] bekannt. Idriz Sulli wurde zwischen 1710-1715 in einer mittleren Familie im Dorf Zhulat bei Gjirokastra, geboren, in einer Wohnsiedlung, die in jener Zeit rundd 300 Häuser aufwies. Er zeichnet sich durch die von den Alten des Wilajets des südlichen Gebietes vorgenommenen Reformen aus. Diese Reformen hatten mit der Sanktionierung des Privateigentums an den Weisen zu tun, weiter mit Änderungen bei der Heirat, und zwar in der Form, dass nun ebenso wie der Mann auch die Frau das Recht hatte, die Ehe einseitig zu lösen, ohne mit dem Tod bestraft zu werden. Ohne von einer Frau geschieden worden zu sein, hatte man nicht das Recht, eine andere zu heiraten. Der Kanun erlaubte der Frau die Teilnahme an produktiver Arbeit, was objektiv ein Schritt in Richtung Befreiung von der Unterdrückung und der Ungleichheit der Frau gegenüber dem Mann war.

[31] Dieser regionale Kanun ist von Haxhi Goci gesammelt und kommentiert worden

[32] Elezi, Ismet: "Njohuri për të drejtën zakonore mbarëshqiptare", Prishtina 2003, S. 31, entnommen aus: Hahn J. G, Albanische Studien Wien 1867 (albanisches Manuskript) S. 21 Johann George von Hahn war einer der ersten, der die These der illyrischen Herkunf der Albaner argumentativ belegte

[33] Thalloczy, Ludwig von: "Kanuni i Lekes, Illyrische Albanische Forschungen", München und Leipzig, 1916, S. 410

[34] Konica, Faik: Werke, Bd. II. Tiranë, 2001, S. 286; Durham M. E., - "Brenga e Ballkanit", London 1905, S, 28

[35] Hasluck, Margaret: Kanuni, Übersetzung aus dem Englischen durch Leka Ndoja, Tiranë, 2005, S. 23

[36] Gjeçovi, Shtjefën: Kanuni i Leke Dukagjinit, 2001, S. 27

[37] Gjergj Kastriot Skanderbeg war ein albanischer Fürst, der sämtliche Fürsten im Kampf gegen das Osmanische Reich einte und 25 Jahre lang des osmanischen Angriffen, um Albanien und Europa zu besetzen, erfolgreich die Stirn bot

[38] Dom Frano Illia, Kanuni i Skenderbegut, Milot 1993, S. 15

[39] Elezi, Ismet: Kanuni i Laberisë, Tiranë, 2006
[40] Elsie, Robert: im Vorwort zu "Der Kanun", Peja, Kosovo, Mai 2001, S. 8.
[41] Siehe auf der Homepage: http://www.illyria.de/ (Zuletzt beuscht am: 02.09.2008), Interview des Schriftstellers Ismail Kadare, das er der Zeitung "Shekulli" gegeben hat. Das Interview hat Robert Rakipllari geführt.
[42] Pupovci, Syrja: Marrëdhënjet juridiko-civile në Kanunin e Lekë Dukagjinit, Prishtinë 1971, S. 213
[43] Barleti, Marin, Historia e jetës dhe e vepravet të Skënderbeut, Tiranë 1964, S. 227
[44] Mihaceviq, Lovro: Po Albaniji-Dojmovi s puta, Zagreb 1911; Zavallani, Tajar, Historia e Shqipnisë, London 1966, S. 119
[45] Die Serben und Bulgaren haben in Ermangelung eines adäquaten Wortes für das Ehrewort in ihre Sprache den Begriff als "Arbanska vjera" aufgenommen
[46] Siehe auf der Homepage: http://www.gazetatema.net/index.php?gjuha=0&category=7&id=3155, (zuletzt besucht am: 01.10.2008), Yamamoto Kazuhiko behauptete: *"Der zerrissene April" von Kadare hat mich dazu gebracht, mich mit dem Kanun zu beschäftigen"*
[47] Franz Baron Nopcsa von Felsöszilvás, 1877-1933, von ungarischer Herkunft, der auf dem Gebiet der Albanologie einen wertvollen Beitrag geleistet hat
[48] Çabej, Eqrem: Zakone dhe doke të shqiptarëve, Band 5, Prishtinë, 1975, S. 199
[49] Koliqi, Ernest: Drejta e Kanunit Shqiptar dhe e Drejta Romake, *entnommen dem Buch: Studime e Tekste Juridike, N.1. Rom. 1944. Veröffentlichung des Instituts für Albanische Studien*
[50] Fjalori i gjuhës së sotme shqipe, N – ZH, Prishtinë, S. 1204
[51] Çabej, Eqrem: Studime etimologjike në fushën e shqipes A – B, Tiranë, 1978
[52] Jelić, Ilija: Krvna Osveta i umir u Crnoj Gori i Severnoj Albaniji, Beograd, 1928, S. 8
[53] Elezi, Ismet: Vrasjet për hakmarrje e për gjakmarrje në Shqipëri, Tiranë, 2000, S. 7; Salihu. Ismet,
Vrasjet në Kosovë, Prishtinë, 1985, S. 224 – 225
[54] Gjeçovi, Shtjefën: Kanuni i Lekë Dukagjinit, Shkodër 2001
[55] Don Lazer Mjeda: Das Recht der Stämme von Dukaschin, in: Illyrisch-albanische Forschungen, Band I, München und Leipzig 1916, S. 391
[56] Demaliaj, Skënder, am 27 Februar 2008, siehe auf der Homepage:
http://www.shekulli.com.al/news/44/ARTICLE/21857/2008-02- 27.html (Zuletzt gelesen am: 01.10.2008)
[57] Gehrke, Hans-Joachim: Die Griechen und die Rache, in Saeculum, Bd. 38, 1987, S. 30
[58] Ballabani, Don Ndue, *Leiter der Albanischen Katholischen Mission in Kroatien und Slowenien aus*
Anlass des Erscheinens des Buches des Martin Berishaj in slowenischer Sprache »Skrita moc bese« (Das
Gewicht der Macht des Eides) zusammen mit der Übersetzung des Kanun des Skenderbeg, siehe auf der Homepage: www.malesia.com, (zuletzt besucht am: 22.10.2008)
[59] Siehe auf der Homepage: http://www.pajtimi.com/faqebrenda.php?newsID=40 aus dem Internet entnommen am 09.09. 2008. Interview mit Ismail Kadare durch den Korrespondenten von "Ligji dhe jeta" [Gesetz und Leben], in dem Kadare über die Blutrache in Albanien nach dem Sturz des Kommunismus urteilt und argumentiert, dass die Morde im postkommunistischen Albanien nichts mit der Zeit gemein haben, als in Albanien der Kanun praktiziert wurde
[60] Laurasi, Aleks: Shteti i pavarur shqipëtar nën udhëheqjen e Skënderbeut, in "Historia e shtetit dhe e së
drejtes në Shqipëri", Tiranë, 2007, (S. 184-186)
[61] Elezi, Ismet: E drejta zakonore penale e shqiptarëve, Tiranë, 1983, 140
[62] Häusler, Sonja in: Zukunft, Zeitschrift für Politik, Gesellschaft und Kultur, März 2008, S. 5 – 6.